MADAME ADÈLE DE BOHAM

EN RELIGION

SŒUR SAINTE - ADÉLAÏDE

SUPÉRIEURE GÉNÉRALE

DE LA CONGRÉGATION DU SAINT-ENFANT-JÉSUS DE REIMS

REIMS

IMPRIMERIE COOPÉRATIVE (N. MONCE, Dir.)

24, rue Pluche, 24

—

1890

MADAME ADÈLE DE BOHAM

EN RELIGION

SŒUR SAINTE - ADÉLAÏDE

SUPÉRIEURE GÉNÉRALE

DE LA CONGRÉGATION DU SAINT ENFANT-JÉSUS DE REIMS

REIMS

IMPRIMERIE COOPÉRATIVE (N. MONCE, Dir.)

24, rue Pluche, 24

1890

ERRATA

Page 1, ligne 6, au lieu de : *13 juin 1813*, lisez : **3 juin 1813**.

Page 1, ligne 18, au lieu de : *Marguerite Lemarteleur, de Fresnes,*
lisez : ...**de Neuflize**.

Page 2, note, ligne 2, au lieu de : *en 1855*, lisez : **en 1885**.

Page 7, note, ligne 3, au lieu de : *27 janvier 1890*, lisez :
27 février 1890.

Page 12, note, ligne 12, au lieu de : *jusqu'au 18 septembre*, lisez :
jusqu'au 20 septembre.

MADAME ADÈLE DE BOHAM

EN RELIGION

SŒUR SAINTE-ADÉLAÏDE

Le village de Fresnes est bâti au milieu d'une vaste plaine, à douze kilomètres environ de Reims, dans une région essentiellement agricole, où l'exemple des premières familles a conservé l'amour du sol et maintenu en honneur la culture des champs.

Là naquit, le 13 juin 1813, Adèle de Boham, que Dieu destinait à gouverner pendant de longues années la Congrégation du Saint Enfant-Jésus de Reims. Une coïncidence providentielle la rattachait aux religieuses de cette communauté qui avaient subi la tourmente révolutionnaire.

Quand, le 30 avril 1792, après avoir héroïquement refusé le serment schismatique, au milieu des fureurs d'un peuple en délire, les Sœurs de l'Enfant-Jésus furent chassées de leur maison, quelques-unes restèrent à Reims. Deux d'entre elles ouvrirent un petit pensionnat dans la cour du Chapitre et parmi leurs élèves comptèrent Marguerite Lemarteleur, de Fresnes, qui plus tard épousa Jean-Baptiste de Boham.

De cette union, qui formait un nouveau lien entre deux familles des principaux cultivateurs du pays, naquirent plusieurs enfants. Adèle était l'aînée ; par l'âge, surtout par la vertu, et ensuite par la vocation religieuse, elle se trouva investie du respect, de la confiance que lui témoignèrent jusqu'à la fin tous les membres de sa famille (1).

A l'école de ses vertueux parents, elle puisa cette noble simplicité qui est restée jusqu'à la fin son caractère distinctif et qui s'unissait si bien à sa douceur naturelle ; plutôt grave qu'enjouée, grande sans fierté, elle parlait à tous, aux pauvres surtout ; on raconte que l'instituteur aimait s'adresser à elle quand il y avait en classe quelque difficulté à résoudre. A l'âge de treize ans, Adèle de Boham fut envoyée au pensionnat du Saint Enfant-Jésus de Reims.

*
* *

La Communauté, en effet, s'était reformée. La Révolution avait tout détruit et désorganisé l'enseignement ; les écoles étaient désertes ; pendant plus de dix ans, la jeunesse avait été privée d'instruction ; on était effrayé du préjudice incroyable porté aux mœurs par une si longue interruption (2).

(1) Sa sœur Élisa de Boham, qui épousa M. Santanbien, mourut en 1855. — Son frère M. Félix de Boham, marié à Mme Léonie Lajoie, habite le village de Fresnes ; près de lui, son fils, M. Gustave de Boham, continue les traditions de la famille ; l'une de ses filles a épousé M. Gros, agriculteur à Orbais-l'Abbaye ; une autre, M. Biscuit, notaire à Boult-sur-Suippe ; la plus jeune, Sœur Sainte-Angèle, suivant l'exemple de sa tante, est entrée dans la Communauté du Saint Enfant-Jésus.

(2) Rapport de la Commission nommée par le Conseil municipal de Reims, 8 nivôse, an XII.

La municipalité de Reims avait été heureuse de retrouver quelques-unes des anciennes Sœurs de l'Enfant-Jésus pour reprendre la direction des écoles de filles. Par un bonheur inappréciable, les Sœurs purent rentrer dans la maison où leur fondateur, M. Roland, avait placé le berceau de leur Institut ; en 1816, à la demande de la ville, elles avaient développé le pensionnat qui leur servait de noviciat, et l'avaient ouvert aux jeunes filles pour qui les parents désiraient une éducation plus complète ; Mme Pérot en prit la direction.

Adèle de Boham y rejoignit ses cousines, Mlles Lemarteleur, et trouva pour compagnes les enfants des meilleures familles de Reims et des environs ; pendant trois ans, elle les édifia par sa piété et sa modestie.

Dès lors aussi sa vocation à la vie religieuse se révélait ; ses parents, sans en être surpris, souhaitaient l'épreuve du temps, et pour se conformer à leurs désirs, la jeune pensionnaire revint à la maison paternelle et se mit aux soins du ménage.

Au milieu des occupations nombreuses d'une maison de culture, elle ne perdait pas de vue l'appel de Dieu, et ce fut avec une grande joie qu'ayant atteint sa vingt-deuxième année, elle vint se présenter comme postulante à la Communauté du Saint Enfant-Jésus.

Au noviciat, elle n'eut qu'à s'affermir et se perfectionner dans les vertus qu'elle avait pratiquées jusquelà ; elle se pénétra profondément de l'esprit religieux, comme le reste de sa vie le fit bien voir.

Ce fut alors aussi qu'une première fois Dieu lui envoya l'épreuve de la maladie : une gastrite intense la fit souffrir sans l'arrêter dans son travail, et même après la guérison laissa pour toujours l'estomac affaibli. La divine Providence préparait ainsi la jeune religieuse à compatir aux souffrances des autres, de celles surtout dont elle devait être longtemps la Supérieure et la Mère. De son côté, elle reçut avec amour la visite du Seigneur : l'esprit de mortification trouva son compte dans le régime austère que les médecins lui imposèrent et qu'elle suivit fidèlement pendant cinquante ans.

Le 19 septembre 1837, la fervente novice eut le bonheur de prononcer ses vœux, et lorsqu'en 1851 les Sœurs de l'Enfant-Jésus quittèrent leur nom de famille, elle prit le nom de Sainte-Adélaïde.

*
* *

Au pensionnat du Saint Enfant-Jésus est annexé un externat fréquenté par un certain nombre d'enfants de la ville ; c'est là que fut d'abord placée Sœur de Boham, sous les yeux de ses supérieures ; elle montra dès l'abord les qualités d'une véritable institutrice : outre la science, un grand calme, une grande possession d'elle-même, une douce fermeté qui savait imposer aux enfants l'attention et l'obéissance.

La maturité de la jeune religieuse, jointe à ses autres aptitudes, la firent choisir en 1842, alors qu'elle n'avait pas trente ans, pour la charge délicate de maîtresse des novices. Les neuf années pendant lesquelles Sœur Sainte-Adélaïde exerça cette fonction ont une importance réelle dans la vie de la Congrégation du Saint Enfant-Jésus.

Dès que Mgr Gousset eut pris possession du siège de Reims, il recueillit partout dans ses premières visites pastorales le vœu des populations demandant des religieuses pour diriger les écoles de filles. L'Archevêque s'adressa à la Supérieure de l'Enfant-Jésus. Le petit nombre des religieuses avait d'abord été un obstacle ; mais, par la permission divine, les novices se présentèrent en plus grand nombre à cette époque, et les Sœurs de l'Enfant-Jésus purent, après un demi-siècle, reprendre une de leurs traditions les plus chères, la direction des écoles à la campagne ; le premier établissement fut celui de Bourgogne, en 1845, tout près du pays natal de M\ :superscript mmᵉ\ de Boham.

Au milieu des novices, Sœur Sainte-Adélaïde montra dans un degré plus élevé encore les qualités qu'avaient manifestées ses débuts dans l'enseignement ; par son exemple autant que par ses conseils, elle forma à la vie religieuse les jeunes filles qui s'offraient pour se dévouer à l'instruction ; elles aiment encore à rappeler les leçons de leur maîtresse sur la piété, l'esprit de pauvreté, la fidélité à la règle.

.* .

Sœur Sainte-Adélaïde quitta sa charge en 1852 et fut envoyée à Wasigny pour y diriger l'école. Bientôt pour elle se présenta l'occasion de montrer que si la religieuse sait faire chaque jour le sacrifice d'elle-même et se dépenser pour instruire les enfants, elle sait aussi affronter la mort quand la charité le demande.

Elle venait de rentrer à Reims pour les vacances de 1855, quand elle apprend qu'une terrible épidémie de choléra s'est déclarée à Wasigny ; aussitôt, Sœur Sainte-Adélaïde et ses deux compagnes demandent à partir et vont se mettre à la disposition des habitants ; on les voit dans toutes les maisons frappées par le fléau ; jour et nuit elles sont près des cholériques, leur prodiguent mille soins, encouragent les mourants, consolent les parents éprouvés, donnent aux morts la sépulture, et tout cela avec une simplicité qui double le prix de l'héroïsme ; leur dévouement ne se démentit point pendant les deux longs mois, du 11 septembre au 13 novembre, que sévit l'épidémie.

On raconte ce trait de Sœur Sainte-Adélaïde : Une jeune mère allait être emportée par le fléau ; le médecin déclare que pour la sauver il faut la débarrasser de son lait : la religieuse n'hésite pas et suce ce lait qui pouvait lui apporter la mort.

Tant d'abnégation suscita la plus vive reconnaissance, et quand la maladie eut arrêté ses ravages, le Conseil municipal, interprète de toute la population, vint remercier les Sœurs de l'Enfant-Jésus (1) ; l'Empereur fit remettre une médaille d'argent pour reconnaître le dévouement des religieuses.

*
* *

Le 13 juin 1859, Madame de Boham fut nommée Supérieure générale (2), au milieu de circonstances difficiles que sa grande prudence sut tourner au bien, et pendant

(1) Délibération du Conseil municipal de Wasigny, du 2 décembre 1855.

(2) La Communauté du Saint Enfant-Jésus a eu pour Supérieures, depuis la Révolution : Sœur Ratuéville, 1805-1829 ; Sœur Pérot, 1829-1846 ; Sœur Bourguignon, 1846-1849 ; Sœur Lelarge,

trente et un ans elle présida au rapide développement de sa Congrégation et la gouverna avec une sagesse, un esprit de bonté et d'équité qui ont suscité, à sa mort, un concert unanime de louanges.

Dans l'exercice de sa charge, elle fut puissamment aidée par les éminents Supérieurs ecclésiastiques de la Communauté (1) ; de son côté, elle leur témoignait beaucoup de respect, de confiance et de déférence.

Sœur Sainte-Adélaïde était préparée au gouvernement d'une grande Congrégation, non seulement par les qualités naturelles que Dieu avait mises en son âme, mais surtout par les vertus auxquelles elle s'exerçait depuis longtemps.

La source d'où tout le reste semblait découler était une étonnante abnégation, une entière domination sur tous les sens intérieurs et extérieurs ; de là un calme qui laissait pleine liberté au jugement, réglait les paroles, présidait à toutes les actions et semblait multiplier le

1849-1859 ; Sœur Sainte-Paule (Mme Élisa Tourneur), 1er janvier au 15 juin 1859 ; Sœur Sainte-Adélaïde (Mme de Boham), 1859-1890. — Le 27 janvier 1890, les Sœurs réunies en chapitre ont élu pour Supérieure générale Sœur Sainte-Olympe (Mme Amélie François), qui depuis près de quinze ans était à la tête de l'important établissement de Maubert-Fontaine.

(1) Les Supérieurs ecclésiastiques de la Communauté du Saint Enfant-Jésus ont été, depuis cette époque : M. Lambert, supérieur du Petit Séminaire, vicaire général de Mgr Gousset et de Mgr Landriot, mort en 1872 ; S. G. Mgr Landriot, archevêque de Reims, mort en 1874 ; M. Juillet, vicaire général de Mgr Landriot et de Mgr Langénieux et doyen du Chapitre, 1874-1885 ; M. Peltier G., vicaire général de S. É. le cardinal Langénieux, mort en 1888 ; M. Cauly, vicaire général du cardinal Langénieux, supérieur depuis 1888.

temps ; de là un oubli complet de soi et une charité qui se faisait toute à tous, une simplicité de vue qui allait droit à Dieu et ne cherchait que Lui. Mais cette abnégation, qui paraissait toute naturelle tant elle était parfaite, suppose bien des victoires remportées sur soi-même ; Dieu en a été le témoin et le rémunérateur.

* * *

Avant tout, la Supérieure donnait l'exemple d'une exacte régularité. Elle était la première à l'oraison comme à tous les exercices communs ; ni les fatigues, ni l'âge ne lui servirent jamais d'excuse ; c'est à regret que dans les convalescences, après ses grandes maladies, elle consentit à retarder l'heure du lever ; elle portait l'amour de la règle jusque dans les plus petites observances.

On la voyait avec grande édification, soumise comme les autres aux usages, prendre sa part au service des tables, à l'épluchage des légumes, aux récréations communes.

La pauvreté religieuse était une vertu qu'elle affectionnait et qu'elle recommandait tout particulièrement : dans sa cellule, on ne trouvait rien de superflu ; elle raccommodait elle-même ses habits et ne les remplaçait que bien difficilement quand on l'y obligeait.

Elle aimait les pauvres, se faisait un bonheur de soulager leur indigence. Dans la religieuse pauvre et volontairement dépouillée, on retrouvait la noblesse, la générosité et la grandeur d'âme. Toutes les œuvres diocésaines et catholiques avaient leur place au budget de ses dépenses personnelles : on eût pu croire qu'elle disposait d'une grande fortune, mais ses largesses étaient plutôt le fruit d'une sage économie, d'un ordre admirable, et surtout d'un cœur qui ne s'inspirait que de la divine charité. Que de secours discrètement donnés ! que de bienfaits répandus autour d'elle et demeurés inconnus, tant cette vaillante chrétienne exécutait ponctuellement le conseil évangélique : « Que votre main gauche ignore ce que fait votre main droite. »

Les Sœurs étaient touchées de la piété de leur Mère : c'était pour elle un bonheur d'entendre toutes les messes qui étaient dites dans la chapelle de la Communauté, trois ordinairement. Si la première manquait, elle la remplaçait par le chemin de la croix ; ce pieux exercice était accompli chaque jour, quelque rigoureuse que fût la saison ; si elle n'avait pu le faire le matin, elle y suppléait le soir ; jamais non plus elle n'omit la visite au Saint Sacrement ; sa fidélité à l'oraison ne s'est pas démentie jusqu'à son dernier jour : c'est en la faisant qu'elle a rendu son âme à Dieu.

La piété de Sœur Sainte-Adélaïde était éclairée et solide, et en même temps d'une grande simplicité ; ses sentiments étaient ceux d'un enfant qui s'entretient avec son père. Elle traitait avec Marie comme avec sa mère, lui confiant, à elle et à saint Joseph, ses peines, ses difficultés, le gouvernement de sa Congrégation. Lorsqu'elle allait au parloir, elle ne manquait pas d'invoquer son ange gardien et les anges gardiens des personnes avec qui elle avait à traiter ; elle recommandait cette pratique à ses Sœurs.

D'ailleurs, l'union à Dieu et l'esprit de foi se faisaient continuellement sentir et se manifestaient dans les paroles de la pieuse Supérieure, dans sa manière d'agir, dans sa démarche grave et modeste. Elle parlait volontiers de Dieu, mais sans recherche, d'une manière simple et toute naturelle.

En même temps qu'elle donnait l'exemple, Sœur Sainte-Adélaïde portait dans l'exercice de sa charge la plus entière charité. Elle aimait ses Sœurs, elle les aimait toutes également, elle le disait et ses actes le prouvaient ; toutes étaient accueillies, écoutées avec une entière impartialité.

* *

Comment peindre ces rapports quotidiens de la Supérieure avec les religieuses pendant trente années, cet abord facile, cette simplicité charmante qui ouvraient les cœurs? Là surtout paraissaient le calme qui régnait dans cette âme, une humeur toujours égale, une bonté qu'on aurait pu quelquefois trouver trop grande.

Quelles que fussent ses occupations, lors même qu'elle était accablée par les affaires de la Communauté et la correspondance avec les maisons du dehors, on ne semblait jamais la déranger, elle ne laissait paraître aucune contrariété.

Elle écoutait ses Sœurs, se montrait pour elles pleine de condescendance dans la mesure du possible. Surtout si elles étaient éprouvées par des peines intérieures ou quelques peines de famille, la bonne Mère recevait leurs confidences, les prévenait; il est bien rare qu'elle ne parvînt pas à leur rendre le calme et à les consoler.

Sa charité supportait tout, et dans sa droiture qui ne

savait pas feindre, elle croyait aisément le bien, difficilement le mal; elle ne pouvait supposer la duplicité chez
les autres. En elle, le commandement lui-même em-
pruntait les formes de la charité, et lorsqu'elle donnait
un ordre, toujours une phrase polie et bienveillante
exprimait son désir.

Qu'il était beau de la voir au milieu de ses Filles
dans les instants trop rares des récréations communes !
C'était le moment des entretiens plus expansifs; Sœur
Sainte-Adélaïde n'y apportait jamais un visage triste ou
préoccupé, un esprit distrait; elle écoutait plus qu'elle
ne parlait; se réjouissant de l'entrain des jeunes Sœurs,
elle invitait à l'expansion des cœurs, heureuse de glisser
une parole d'encouragement et un bon conseil. A ces
heures aussi, quelque vénérable Sœur ancienne amenait
adroitement la bonne Mère à parler un peu de ses jeunes
années; on prêtait religieusement l'oreille à ces récits,
récits bien rares parce que l'humilité de Madame la Supérieure lui faisait cacher avec soin tout ce qui pouvait être
à sa louange; quand elle était forcée à rappeler des sou-
venirs personnels, elle le faisait d'ailleurs avec autant
de simplicité que de modestie.

*
* *

A voir Sœur Sainte-Adélaïde si calme, si bonne et
si affable, jamais on n'eût dit qu'elle avait les sollicitudes
du gouvernement d'une Congrégation. Pour comprendre
combien ses jours ont été remplis, il faut se rappeler
l'accroissement qu'avait pris la Communauté du Saint

Enfant-Jésus quand elle fut élue Supérieure et qui se poursuivit sous sa direction.

En 1859, la reconstruction de la maison de Reims était en grande partie achevée; il ne fallait plus que les derniers aménagements pour en faire un des établissements scolaires les mieux organisés; la chapelle restait à bâtir, et ce fut un bonheur pour Sœur Sainte-Adélaïde de voir élever cet édifice gracieux et élégant que le cardinal Gousset bénit en 1860.

Le pensionnat était en pleine prospérité; grâce à l'impulsion donnée par une religieuse de grand talent et de grande vertu, Sœur Sainte-Paule (1), le nombre des élèves s'était rapidement accru.

Sœur Sainte-Paule avait aussi organisé le Cours normal que le département confia en 1853 à la Communauté du Saint Enfant-Jésus. Là se formaient, sous les yeux d'habiles maîtresses, un grand nombre d'institutrices qui

---

(1. Sœur Sainte-Paule (Élisa Tourneur), était née à Reims le 21 mai 1821 d'une famille chrétienne qui donna au diocèse un prêtre du plus grand mérite. M. Tourneur, vicaire général de Mgr Landriot et de S. É. le Cardinal Langénieux.

Élisa Tourneur entra comme novice à la Communauté à l'âge de dix-neuf ans; après avoir rempli divers emplois, elle fut directrice du Pensionnat pendant vingt-six ans et du Cours normal pendant huit ans. Assistante à différentes époques, elle précéda Mme de Boham dans la charge de Supérieure.

En 1875, elle fut nommée Supérieure locale à Maubert-Fontaine; frappée d'une attaque de congestion cérébrale, elle revint à Reims; entourée de soins, elle vécut jusqu'au 18 septembre 1883.

M. Tourneur, remerciant Sœur Sainte-Adélaïde de ce qu'elle avait fait pour Sœur Sainte-Paule, disait : « Oh ! Madame la Supérieure, c'est la plus digne femme que je connaisse et que j'aie jamais connue ! »

joignaient aux aptitudes pédagogiques, constatées par
de brillants examens, les vertus nécessaires à quiconque
assume la charge de former l'esprit et le cœur des
enfants (1).

Chaque jour aussi, les Sœurs employées aux écoles
communales de Reims se rendaient aux classes et aux
asiles qu'elles dirigeaient dans cinq quartiers de la ville.

Enfin, en 1873, une circonstance ménagée par la Providence fit remettre entre les mains des Sœurs de l'Enfant-
Jésus une œuvre qui rappelait leurs premières origines.
Leur pieux fondateur, le chanoine Nicolas Roland, avait
tout d'abord dirigé son zèle vers les orphelins; par eux
il était arrivé à fonder sa Communauté, et jusqu'à la
Révolution elle porta le nom des *Orphelins*. C'était un
orphelinat qu'après deux siècles écoulés on offrait aux
Filles de M. Roland, l'Orphelinat de Bethléem fondé par
le *Bon Père* Charlier, le saint Vincent de Paul rémois.
Ce saint prêtre était mort en 1868, et il fallait assurer la
perpétuité de son œuvre; sur la demande du Conseil
d'administration, les Sœurs de l'Enfant-Jésus vinrent
prendre le soin des orphelins (2).

---

(1) De 1855 à 1876, 142 élèves du Cours normal de l'Enfant-Jésus
se sont présentées aux examens pour le brevet; 123 ont été
admises, 19 refusées. Si l'on compare ce résultat à celui qui est
fourni par le total des aspirantes de toute origine pendant le
même laps de temps, on voit que sur 586 jeunes filles, 334 ont
été admises, 252 refusées; ce qui donne la proportion de 57 0 0
admises, tandis que la moyenne pour le Cours normal est de
presque 87 0 0. En ces vingt-deux années, les élèves du Cours
normal ont obtenu : 11 le n° 1, — 10 le n° 2, — 10 le n° 3, — 9 le
n° 4, — 10 le n° 5.

(2) Après la mort du *Bon Père* Charlier, les directeurs ecclésiastiques de Bethléem ont été M. Pierre Hannesse, chanoine,

— 14 —

Bien qu'elle pût se reposer sur la prudence et le dévouement de ses collaboratrices, Madame la Supérieure avait sa grande part de sollicitude dans toutes ces œuvres importantes.

Rien n'échappait à sa vigilance, elle se rendait compte par elle-même de mille détails qui, humbles en soi, ont une grande importance dans une maison d'éducation. Comme la femme forte de nos Saints Livres, Sœur Sainte-Adélaïde savait mettre la main aux durs ouvrages, *manum suam misit ad fortia,* travailler avec ses Sœurs à la cuisine, à la lingerie.

* *
*

La maison de Reims n'était pas l'unique objet des soins de la Supérieure, les écoles du dehors avaient une grande part dans ses préoccupations. Non seulement il lui fallait veiller à l'entretien de vingt écoles déjà établies, mais de nouvelles fondations étaient désirées par beaucoup de paroisses. Mᵐᵉ de Boham envoya des Sœurs à Buzancy, Chaumuzy, Cernay-les-Reims, Asfeld, la Neuville-les-Wasigny, Monthermé, Cormicy, Saulces-Champenoises, Bouzy, Rimogne, sans parler de l'importante fondation de Châlons-sur-Marne. Onze établissements d'écoles, n'est-ce point assez, en ce siècle qui prône la diffusion de l'enseignement, pour illustrer dans un diocèse une Supérieure de Communauté ?

Toutes ces écoles recevaient périodiquement la visite

1868-1873 ; M. l'abbé Bonnaire, 1873-1890, et actuellement M. l'abbé Biéling, des Prêtres missionnaires de Binson.

de Sœur Sainte-Adélaïde. Dans ces voyages, la bonne Mère s'occupait des intérêts spirituels de ses filles, prenait part à leurs succès, à leurs difficultés, entrait dans le détail du temporel ; elle faisait subir aux enfants des examens, reprenait quelquefois, récompensait plus souvent, et encourageait ; son zèle s'épanchait alors et son passage laissait un accroissement de l'amour de Dieu. Une correspondance suivie entretenait le bien que produisaient ces visites.

C'est au milieu de si multiples occupations que s'exerça, pendant trente années, l'activité de Sœur Sainte-Adélaïde. On se demandait souvent comment elle pouvait suffire à tout, trouver du temps pour des choses si variées.

L'amour du travail, la grande régularité, le calme de l'âme, fruit de l'abnégation, qui permet d'agir sans trouble, de prévoir, d'utiliser tous les instants, peuvent seuls expliquer une vie aussi laborieuse.

*
* *

Madame la Supérieure fut cependant quelquefois arrêtée par la maladie. En 1867, une épidémie de fièvre muqueuse éprouvait la maison ; Sœur Sainte-Adélaïde, après avoir visité la plupart de ses Sœurs, tomba elle-même, atteinte une des dernières par le mal. Neuf ans après, elle fut frappée plus sérieusement. Elle avait fait au mois de mai 1886 la visite des écoles au fond des Ardennes, à Monthermé, Thilay, les Hautes-Rivières, par une chaleur très grande pour la saison. Au retour, la bonne Mère dut se mettre au lit et son état inspira bientôt de vives inquiétudes ; les médecins constatèrent une maladie de cœur déjà avancée, et ils regardaient comme prochain un dénouement fatal. De ferventes prières, s'élevant de toutes parts, touchèrent le cœur de Dieu, et la vénérée Supérieure fut conservée à sa Congrégation.

Rarement, dit l'auteur de l'*Imitation*, ceux qui reçoivent l'épreuve de la maladie en profitent pour leur sanctification. Il n'en était pas ainsi de Sœur Sainte-Adélaïde. C'est dans l'infirmité que sa vertu se perfectionnait. Elle semblait heureuse de pouvoir laisser le commandement et de trouver l'occasion d'obéir. Dès qu'elle devait garder le lit, on peut dire à la lettre qu'elle n'avait plus de volonté ; elle se soumettait entièrement à la Sœur infirmière ; tout était toujours très bien, très bon ; à l'obéissance se joignaient la patience et la mortification. Sœur Sainte-Adélaïde prit un jour, sans mot dire, une potion bien fade que la Sœur infirmière avait oublié de sucrer, et comme celle-ci lui témoignait du regret de cette méprise : « Je n'y ai rien senti, répondit-elle. »

Par une disposition intérieure bien rare chez les malades, elle acceptait le mal avec toutes ses circonstances, toutes ses conséquences, ne se plaignant pas de ne plus pouvoir s'occuper de la direction de la maison ; elle faisait un acte de confiance en Dieu : « C'est Lui, disait-elle, qui m'empêche de diriger la Communauté, c'est qu'il veut prendre lui-même soin de toutes mes filles, je ne saurais les remettre en de meilleures mains. »

Il est juste de dire qu'à part une quinzaine de jours où le mal fut plus intense, Sœur Sainte-Adélaïde ne cessa pas de s'occuper des affaires de la Congrégation ; la mort la surprendra en plein exercice de ses fonctions.

.*.

La digne Supérieure eut à souffrir d'autres épreuves.

Elle vit la guerre et l'invasion de 1870. Une ambulance avait été préparée dans la Communauté du Saint Enfant-Jésus et reçut les premiers blessés français, tandis qu'à Buzancy, à Pourru-Saint-Remy, à Brévilly, à Maubert-Fontaine, les Sœurs prodiguaient leurs soins à nos soldats.

Après la guerre vinrent les tristesses des laïcisations. L'orage qui allait fondre sur la France et renverser l'œuvre de l'éducation chrétienne des enfants n'épargna pas la Congrégation de l'Enfant-Jésus.

Le Cours normal fut sacrifié le premier, malgré tous les perfectionnements apportés à l'instruction (1880); puis ce fut le tour des écoles maternelles de Reims (1883) et enfin de toutes les écoles communales de filles. La municipalité ne put s'abstenir « de rendre hommage au dévouement des institutrices de l'Enfant-Jésus et au zèle qu'elles avaient toujours déployé dans l'exercice de leurs fonctions (1) »; leur habit et leur vocation religieuse étaient les seuls griefs qui les faisaient frapper.

Mme de Boham se montra ferme et digne en ces pénibles circonstances; elle inspira la conduite de ses Sœurs et les soutint dans cette épreuve.

Citons seulement un passage de sa réponse à la lettre de M. le Maire : « Vous voudrez bien me permettre de faire toute réserve sur le motif invoqué par le Conseil pour remplacer nos Sœurs. Nous ne saurions croire que la loi

(1) Lettre de M. le Maire de Reims à la Supérieure de la Communauté, 2 juin 1883.

ni les prescriptions du législateur puissent être incompatibles avec nos devoirs religieux, et nous restons convaincues que les enfants élevées par nos Sœurs, dans des sentiments chrétiens, ne le cèderont jamais ni en dévouement ni en amour pour la patrie aux enfants formés dans les autres écoles. »

Les catholiques rémois ne laissèrent pas sans protestation l'acte qui chassait des classes les Frères et les Sœurs, et, répondant à l'appel de leur Archevêque et du Comité, ils rendirent aux religieuses une école libre partout où on leur avait enlevé une école communale.

La Supérieure de l'Enfant-Jésus, de son côté, offrit une école construite aux frais de la Communauté et entretenue, personnel et matériel, par la maison mère.

* *

Au milieu de tant d'évènements, tristes ou heureux, Mme de Boham avançait en âge, entourée de l'estime, de la confiance et de l'amour de ses Sœurs. Mais la maladie de 1886 avait laissé des traces, et sachant que la mort pouvait la surprendre à chaque instant, la digne Supérieure témoignait souvent le désir d'être déchargée de ses fonctions, afin d'avoir plus de temps pour se recueillir et se préparer à paraître devant Dieu. Son désir ne fut pas exaucé, mais sa vie de chaque jour, la conformité de sa volonté à celle de Dieu, étaient la meilleure préparation. La convalescence se prolongea jusqu'à Pâques de l'année 1887, et grâce à des soins attentifs et délicats, la santé de Sœur Sainte-Adélaïde se trouvait assez bonne le 14 septembre.

Ce jour était attendu avec impatience par toute la Communauté : on y devait célébrer les noces d'or de la bien-aimée Supérieure et celles de plusieurs de ses compagnes (1).

S. É. le cardinal Langénieux voulut bien présider cette belle fête, et recevoir le renouvellement des vœux prononcés un demi-siècle auparavant. D'ingénieux dialogues, inspirés par la piété filiale, firent revivre la Communauté d'autrefois, remirent en scène les vénérables anciennes et rappelèrent surtout les vertus et les œuvres de Sœur Sainte-Adélaïde. Un superbe ostensoir de vermeil, offert à l'heureuse jubilaire, passa de ses mains au trésor de la chapelle et demeurera comme un souvenir permanent de cette mémorable journée.

Une autre joie bien grande était réservée à Madame la Supérieure ; elle put assister aux fêtes solennelles célébrées à Reims au mois de juin 1888, pour la béatification de Jean-Baptiste de La Salle.

Que de pieuses pensées se pressaient alors dans son cœur. Celui qu'elle voyait couronné par l'Église de l'auréole des Bienheureux, c'était l'ami intime de M. Roland, qu'il avait choisi pour directeur ; à lui, le pieux fondateur, sur son lit de mort, avait remis comme un héritage sa communauté du Saint Enfant-Jésus, dont l'existence n'était pas encore assurée. C'était ce saint prêtre qui venait chaque jour dire la messe dans la chapelle de l'Enfant-Jésus ; au parloir de la communauté, il avait eu avec Adrien Nyel cette providentielle rencontre qui

(1) Sœur Sainte-Euphrasie (Euphrasie Pergant), compagne de profession de Sœur Sainte-Adélaïde, et trois autres plus âgées encore, Sœur Sainte-Philomène (Célestine Alizard) ; Sœur Saint-Gabriel (Éléonore Poulet) ; Sœur Sainte-Adèle (Adèle Sautray).

devait l'amener peu à peu à l'établissement de l'Institut des Frères des Écoles chrétiennes.

Et si les Frères étaient les premiers heureux des honneurs rendus à leur saint Fondateur, les Sœurs de l'Enfant-Jésus avaient droit de prendre une large part à ce bonheur.

⁎ ⁎
⁎

Pendant les trois années qui suivirent ses noces d'or, Sœur Sainte-Adélaïde vit l'état de sa santé s'améliorer contre toute attente. La bonne Mère put reprendre ses habitudes de régularité, et, à la mort de M. Peltier, supérieur ecclésiastique, supporter seule pendant quelque temps le gouvernement de la Communauté.

Avec l'arrivée d'un nouveau Supérieur, il sembla, disent les Sœurs, que la Révérende Mère reprenait une nouvelle ardeur et retrouvait une nouvelle vie. Le mieux se soutint jusqu'au commencement de l'année 1890, et rien ne faisait prévoir que la mort fût si proche.

Madame la Supérieure avait été épargnée par l'épidémie d'influenza qui se fit sentir à la Communauté comme dans tout le reste de la ville ; mais le dimanche 26 janvier, un malaise d'estomac, auquel se joignirent la fièvre et une grande faiblesse, l'obligea à garder la chambre. Comme sa cellule était petite et froide, on lui demanda de se rendre à la grande infirmerie ; mais une jeune Sœur malade s'y trouvait déjà, et la bonne Mère, craignant de gêner, refusa d'abord ; elle céda cependant à condition que sa jeune compagne ne la quitterait pas.

La vénérable Supérieure conservait la pleine jouissance de ses facultés ; dans les trois derniers jours de sa vie, elle s'occupa encore des affaires de la Communauté, prit des décisions importantes, dicta des lettres, entretint plusieurs personnes de la situation des écoles libres. Conférant avec les Assistantes, elle leur donna des renseignements précis sur plusieurs points de la direction de la Communauté, sans que rien cependant laissât paraître le pressentiment d'une mort prochaine.

La pieuse malade était, comme toujours, douce, patiente, plus attentive aux fatigues de celles qui la soignaient qu'à ses propres souffrances, reconnaissante de ce qu'on faisait pour elle, soumise à la volonté de Dieu avec une complète indifférence.

Le mercredi 5 février, une légère amélioration se produisit ; Sœur Sainte-Adélaïde parlait déjà de descendre à son bureau ; elle reçut la visite de M. et Mme de Boham, de Fresnes : ils se quittèrent sans prévoir que c'étaient les derniers adieux.

Pendant la nuit et le matin du jeudi, la malade prit un peu de nourriture ; à cinq heures et demie, fidèle à la règle, elle répondit aux prières de la Communauté, qu'une Sœur récita auprès d'elle, et demanda qu'on lui indiquât les points de la méditation. N'ayant pas le livre sous la main, la Sœur lui dit : « Ma Mère, nous ferons la méditation par cœur. » Sœur Sainte-Adélaïde se soumit avec sa simplicité ordinaire, et se tourna à demi du côté du mur comme pour dormir, mais s'entretenant sans doute dans une pieuse oraison avec le Dieu qui était l'objet de ses pensées et de son amour.

Une Assistante et une autre Sœur étaient assises près du lit de la bonne Mère ; tout à coup elles n'entendent plus la respiration, elles appellent l'infirmière et constatent avec stupeur la mort de la vénérée Supérieure : la maladie de cœur amenait ce dénouement si soudain.

Dieu avait repris l'âme de sa fidèle servante comme on cueille un fruit mûr, comme on le détache délicatement de l'arbre, craignant de le froisser.

*
* *

Quelle vive et profonde douleur remplit toute la Communauté quand la funeste nouvelle se répandit, il est facile de le comprendre. Pendant trente ans, Sœur Sainte-Adélaïde s'était montrée pour toutes une véritable Mère.

Les obsèques furent un éloquent témoignage de l'estime et de l'affection que la digne Supérieure avait su mériter.

Cinquante prêtres entouraient l'autel ; la chapelle, le chœur des religieuses, étaient trop étroits pour contenir les assistants.

De cette maison qu'elle avait gouvernée si longtemps, qu'elle avait remplie du parfum de ses douces vertus, la vénérée défunte fut conduite à sa dernière demeure par un imposant cortège. Les élèves du pensionnat, les Sœurs de Reims et du dehors précédaient le char funèbre ; les cordons du poêle étaient tenus par les Supérieures des autres Communautés de la ville. Une foule nombreuse suivait.

En présence de cette ovation populaire et toute spontanée, il était moins pénible de regretter l'absence du monde officiel.

Pour répondre au vœu exprimé par Sœur Sainte-

Adélaïde, et respecter jusqu'au bout son amour du silence et de l'oubli, aucun discours ne fut prononcé sur sa tombe; mais son souvenir restera gravé dans les cœurs.

*
* *

Jusque dans la mort, Madame Adèle de Boham gardera ce caractère de simplicité qui fut le charme de sa vie. Elle repose au milieu des Sœurs de l'Enfant-Jésus. Sa respectable famille, sur la dépouille de celle qui attend la glorieuse résurrection, a fait ériger une modeste pierre tombale qui rappelle la date de naissance et celle du décès de Sœur Sainte-Adélaïde. Mais la piété reconnaissante de ses filles spirituelles y a fait ajouter un mot de saint Paul qui résume admirablement une belle vie : « *Elle a été notre exemple dans les entretiens, dans les relations, dans la charité, dans la foi, dans la modestie.* » (I *Tim.* IV, 12.) Puissent de tels exemples se perpétuer longtemps dans la Congrégation du Saint Enfant-Jésus !

14966 — Imprimerie coopérative de Reims (N. MONCE, dir.), rue Pluche, 24